MW01515928

Anna Katharina Lahs wurde 1960 in Pottum, einem kleinen Ort im Westerwald (Deutschland), geboren. Ihr Leben war von vielen gesundheitlichen Problemen geprägt. Kindheit und Jugendzeit waren gefüllt mit Kuren, Klinikaufenthalten u. v. m. Sogar vier Nahtoderlebnisse hat sie durchlebt. Doch nach dem letzten Erlebnis dieser Art, verkündete sie lautstark ihren Lebenswillen und warum sie überhaupt auf der Erde ist. Erstens: Einen gesunden Körper haben und zweitens: Menschen helfen. So vollzog sich Stück um Stück ihre eigene Heilung.

Das Leben selbst führte sie in Ausbildungen hinein, in denen es um Heilung geht. Heute ist Frau Lahs seit 13 Jahren gesund. Sie hat eine kleine Praxis in Pottum (seit Juli 2004) und arbeitet von da aus nah und fern. Anna Katharina Lahs hat viele Ausbildungen genossen und bildet sich ständig weiter. Sie hat viele Lehrer. Unter anderem auch: Kurt Tepperwein. Im Juli 2010 rief er sie dazu auf, eine Lebensschule zu gründen und zu führen. Im August 2010 hat sie dies umgesetzt: www.lebensschule-westerwald.de

Anna Katharina Lahs

ICH FINDE MICH SELBST –
UND HEILUNG GESCHIEHT

© 2020 Anna Katharina Lahs

Herausgeberin: Anna Katharina Lahs
Autorin: Anna Katharina Lahs
Umschlaggestaltung und Satz: Mediengestaltung Nicole Wege
Lektorat, Korrektorat: Karsten Tropp
Englische Übersetzung: Arista Da Silva-Schöppl, PhD
Russische und französische Übersetzung: Alexander Tschernow
Spanische Übersetzung: Carola Steup
Weitere Mitwirkende: Marketingberatung Susanne Burzel
© Bilder: Rosemarie Hofer/PHOTO & IMAGE Ltd. London/UK
(Titel, Autorin, Seiten 7, 23, 31, 35, 47, 51, 63, 71, 73, 77, 79);
Willi Haimerl, pixelio.de (Inhalt);
yayayoyo, bigstockphoto.com (17);
sdecoret, fotolia.de (27);
monticello, bigstockphoto.com (39);
Stephan Landsiedel (43);
egon999, fotolia.com (59);
Angelika Wolter, pixelio.de (67);
dimitrisvetsikas1969, pixabay.com (75);
Hans Snoek, pixelio.de (85);
Mirexon, bigstockphoto.com (89, 91);
Mediengestaltung Nicole Wege (Umsetzung Grafiken)

978-3-347-07935-9 (Paperback)
978-3-347-07936-6 (Hardcover)
978-3-347-07937-3 (e-Book)
Verlag und Druck:
tredition GmbH, Halenreie 40–44, 22359 Hamburg

Inhalt

Wenn die Leute öfter

in sich gehen,

sind sie seltener

außer sich!

Kurt Tepperwein

VORWORT
Von Anna Katharina Lahs

Als ich im Sommer 2010 in Brandt in Vorarlberg (Österreich) die Ausbildung bei Herrn Kurt Tepperwein zur Lebenslehrerin besucht habe, erhielt ich von ihm zum Abschluss folgende Hausaufgaben:

1. Gründen und führen Sie eine Lebensschule.
2. Schreiben Sie ein Buch.
3. Machen Sie eine CD.
4. Erstellen Sie eine DVD.

Die Lebensschule Westerwald habe ich gegründet und führe sie: www.lebensschule-westerwald.de

Und nun halten Sie mein erstes Buch in den Händen. Meine Absicht mit dem Inhalt dieses Buches ist es, die Leserinnen und Leser zurückzuführen zu IHRER wahren Größe, und diese Qualitäten im HIER UND JETZT für sich zu nutzen.

Dies hat erfolgreiche Wirkungen auf das eigene Leben und auf das Leben aller, mit denen man zu tun hat. Der Inhalt dieses Buches dient dem Zweck, die angenehme Seite des Lebens zu aktivieren.

Wer von der unangenehmen Seite des Lebens genug hat, für den ist das genau die richtige Motivation, um sich und seine eigene Lebensqualität zu optimieren.

Sie finden hier nirgendwo einen Quellennachweis meiner Ausführungen. Der Text ist ein Mix aus meinem gesamten

Erfahrungsschatz und aus meinem persönlichen „Download" vom Quantenfeld per Eingabe und Intuition.

Liebe, Licht und Gleichgewicht
Anna Katharina Lahs

Wie kam es zu meinem Logo:
LEBENSSCHULE WESTERWALD?

Eines nachts sah ich dieses leuchtende Herz mit der brennenden Kerze in meinem Traum. Die Worte: „Liebe, Licht und Gleichgewicht" waren in einer anderen Bruchsekunde in meinem Bewusstsein.

Und so war mir mit einem Mal klar: So soll es sein – mein schönes Logo für die Lebensschule Westerwald.

Grenzen gibt es nur

in unseren Köpfen,

ansonsten ist alles mit

allem verbunden.

Anna Katharina Lahs

Bin ICH „online"?

LEBENSSCHULE WESTERWALD
Liebe, Licht und Gleichgewicht

Ich wurde im Westerwald geboren und lebe dort auch heute. Ich möchte für meine Region und darüber hinaus meinen Beitrag zur Bewusstseinserweiterung von ganzem Herzen geben. Die Lebensschule Westerwald ist weder ein Haus aus Mauern, noch hat sie Fenster und Türen: sie ist geistiger Natur. Die Vorträge und Seminare halte ich in den verschiedensten Räumlichkeiten. Schließlich ist die Erde ein Klassenzimmer und das Leben ist unser Lehrer, wie Herr Kurt Tepperwein sagt.

Meine Absicht ist es mitzuwirken, dass unser Herzenslicht wieder aufrecht steht und aus unseren Augen heraus leuchtet. Wie sieht es aus mit unserer Ausstrahlung? Mit unserer Strahlkraft? Bei vielen Menschen ist die Kerze in Schieflage. Und so schief ist auch ihr Leben! Bei manchen Menschen liegt diese Kerze – unser Lebenslicht – fast am Boden und glimmt nur noch. Das Ganze nennt sich dann: „Burnout"! Robert Betz sagt dazu: „Lieber entspannt – statt: ausgebrannt!"

Das Logo ist rund. Also: eine runde Sache. Hier ist die komplette Einheit enthalten, wie bei dem Zeichen von Yin und Yang.

Die **Liebe** ist unser aller Essenz. Wir sind aus **Licht** gemacht – aus reinem Potential und somit: aus purer Energie. Das **Gleichgewicht** macht die Einheit aus. Es entspricht den GEISTIGEN GESETZEN.

Wir Menschen sagen: „Gut und Böse"! Universell gesehen ist das ohne Existenz. Es gibt nur: Erfahrungen.

Wir machen solche und andere Erfahrungen: Schmerz und Schmerzfreiheit, Traurigkeit und Fröhlichkeit, Schwierigkeit und Leichtigkeit, Unordnung und Ordnung, Schmutz und Sauberkeit, Streit und Versöhnung, Schwäche und Stärke, etc. All dies gehört zur Einheit. Alles zusammen buchen wir dann auf unser „Lebenskonto": ERFAHRUNGEN! Ist dieses Konto gleichmäßig gefüllt, sind wir wieder „zu Hause" angekommen: In der Einheit. Dies alles vollzieht sich Stück um Stück – jeder in seinem eigenen Tempo und in seiner eigenen Qualität.

Ich möchte Sie gerne ein Stück weit begleiten aus dem „Allein-sein" in das „All-eins-SEIN". Der Weg von „einsam" zu „gemeinsam" – in die Qualität unserer Zeit: Die Qualität des MITEINANDERS! Dies gilt für Partnerschaften, Familien, Wohngemeinschaften, Nachbarschaften, für Kindergärten, Schulen und Universitäten.

Für die Politik, die Landwirtschaft, die Firmen, das Finanzwesen, das Verwaltungswesen, das Bauwesen und das Gesundheitswesen auf allen Kontinenten auf unserem Planeten: ERDE! DAS IST UNSERE ZEITQUALITÄT. Wenn JEDER dazu das beiträgt, was er SELBST wirklich kann, dann tut er schon genug. Genau dazu möchte ich inspirieren. GEMEINSAM SIND WIR STARK!!!!

Gehen wir den Weg wieder zu uns SELBST. Zum SELBSTBEWUSSTEN LEBEN in Achtung, Ehre und Respekt voreinander und miteinander. Wir haben immer die Wahl!

Wozu entscheiden Sie sich?

Nun zu den Farben:

Das Herz hat ein frisches, helles Rot. Rot steht für Feuer, für Kraft, für Schöpfung und Umsetzung von neuem Potential und selbstverständlich für die LIEBE.

Goldgelb steht für Fröhlichkeit, Leichtigkeit, Wertigkeit und für altes Wissen. Dass wir wieder wissen, WER WIR SIND, WAS WIR WIRKLICH KÖNNEN, WAS WIR AUF DER ERDE WOLLEN und WOHIN DIE REISE WEITERGEHT. Das Weiße im Logo und um das Logo herum, ist unser aller: „zu Hause". Im weißen Licht ist alles vereint.

Jede Farbe hat eine bestimmte Frequenz, eine bestimmte Qualität und eine bestimmte Energie. Deswegen nutzen wir alle gern die **Kraft der Farben**.

Ob bei den Farben unserer Wohnsituation, unseres Autos, unserer Kleidung, bei der Gestaltung unseres Arbeitsplatzes oder anderswo. Das **Spiel der Farben** spricht unsere Sinne an – und somit unsere feinstofflichen Körper.

Nachdem wir wieder einen Reifeprozess durchlaufen haben, kann unser Herzenslicht erneut strahlen. Und so ist unsere Lebensqualität immer wieder optimiert, wenn wir bereit sind zur eigenen Verwandlung: ZUR TRANS-FORMATION!

Wer bereit ist für den Weg vom Opfer seines Lebens – zum Schöpfer seines Lebens, der findet in dieser Zeit überall Angebote, die ihn nähren und somit geistig und seelisch „ernähren". Diese kraftvolle Nahrung wird dann auf unseren Botschafter „Körper" übertragen. Unser feststofflicher Körper ist ein Mitmacher. Er kann nur widerspiegeln, was sich in unseren feinstofflichen Körpern befindet. Alles fängt eben im Geiste an, mit reinem Potential: purer Energie.

In dieser Zeit des großen Wandels unseres BEWUSST-SEINS, gibt es sehr, sehr viele Möglichkeiten, die wir nutzen können: Bücher, CDs, DVDs, Seminare, Vorträge, Workshops, Organetik, Ho' oponopono, Lebensschulen und vieles mehr.

Ein Lehrer von mir sagt: „Der Tisch ist reich gedeckt. Jedoch – essen, müsst IHR SELBST!"

Entweder wir ignorieren unseren Zeitgeist – bleiben stehen und fallen dann zurück. Oder wir erkennen, dass wir „unsere Baustellen" auch schließen können, indem wir Jahr für Jahr bei unserer eigenen ENT-WICK-LUNG aktiv mitmachen und jeweils das richtige Angebot für uns nutzen: Hilfe zur Selbsthilfe.

Ja – all dies steckt in dem herrlichen Logo: Lebensschule Westerwald.

Tipp: Besuchen Sie meine Website: www.lebensschule-westerwald.de und lassen Sie sich von den vielfältigen Angeboten inspirieren. ☺

Liebe, Licht und Gleichgewicht

Wer erkennt –

der kann auch ändern!

Anna Katharina Lahs

Die Erde ist ein
Klassenzimmer,
und das Leben
ist unser Lehrer.

Kurt Tepperwein

WIDMUNG
Dem Leben selbst

Diesen Text meines ersten Buches widme ich: DEM LEBEN SELBST.

Als Kind habe ich durch stärkstes Asthma bronchiale vier Nahtoderlebnisse erfahren. Es passierte immer in tiefer Nacht. Niemand hatte das bemerkt.

Ich habe – zu meinem eigenen Schutz – 25 Jahre darüber geschwiegen. Danach haben das nur ausgewählte Personen von mir zu wissen bekommen. Heute leben wir in einer Zeit, in der man das frei sagen – ja sogar veröffentlichen kann.

Als ich den Todeskampf zum vierten Mal überstanden hatte und ich wieder atmen konnte, habe ich meinem Leben, meinen Schutzengeln, den Erzengeln und allen, die geistig anwesend waren, klipp und klar gesagt, was ich hier auf der Erde will:

1. Einen gesunden Körper haben und dass ich
2. Menschen helfen möchte.

Ich hatte endlich mitgeteilt, warum ich überhaupt auf der Erde bin!!!! Von dieser Sekunde an vollzog sich Stück für Stück meine eigene Heilung.

Erst war ich 25 Jahre gesundheitlich sehr belastet: Stärkstes Asthma bronchiale, starke Neurodermitis, viele Allergien und heftigste Depressionen – dann besserte sich mein Gesundheitszustand nach und nach – und in der Zwischenzeit bin ich seit 13 Jahren gesund.

Welch ein FEST IN MEINEM HERZEN!!!!

Die Heilung von stärkstem Asthma bronchiale, von starker Neurodermitis, von unzähligen Allergien und stärksten Depressionen ist geschehen. DAAAANKE

In dieser schweren Zeit hatte ich auch drei Mal an Selbstmord gedacht. Gott sei Dank wurde ich davor von meiner Herzensstimme bewahrt.

Nachdem ich meinem Leben nach meinem vierten Nahtoderlebnis mit lautstarker Stimme und allerfestester Absicht gesagt hatte, WARUM ich überhaupt dieses Erdenleben will und WARUM ich überhaupt hier bin, fing ein wundervoller Weg der Heilprozesse für mich an.

Das LEBEN SELBST führte mich zu Plätzen der Ausbildung, die mit Heilung zu tun haben. So ließ ich mich dann in schulmedizinischen, alternativmedizinischen und energetisch-geistheilerischen Methoden ausbilden.

Sie helfen mir selbst immer wieder neu und ich nutze dieses Wissen, um allen, die bei mir Hilfe suchen auf ihrem Weg der eigenen Heilung, zu begleiten und zu unterstützen.

Wir alle sind auf dem Weg zur eigenen Heilung – **wieder zurück, zu uns SELBST**. Zurück zu unserer WAHREN NATUR: Zum REINEN POTENTIAL, zu PURER ENERGIE – zur KRAFT, die alles enthält und schlussendlich alles in sich trägt: ZUR BEDINGUNGSLOSEN LIEBE.

Diese Kraft ist unser aller Essenz. Sie ist völlig unabhängig von Religion, Nation, Hautfarbe und sozialer Schicht. Diese **ALL-LIEBE** ist in jedem Stein, in jeder Pflanze, in jedem Tier, in jedem Menschen, in allem Wasser, in aller Luft, in allen Böden, in allen Galaxien und in allen Universen enthalten.

Sie ist der „**Klebstoff**" der alles miteinander verbindet und alles enthält. Wie heißt es so schön? „Back to the roots"!

Wir kommen als Baby auf die Erde und erblicken das Licht dieser Welt. In diesem Zustand „wissen" wir noch, WER wir sind und WAS wir hier wollen.

Wenn wir heranwachsen und können zum ersten Mal „ich" sagen, dann haben wir den „**Tunnel des Vergessens**" komplett passiert und sind ganz **auf Mutter Erde angekommen**. Wir werden zum Kleinkind, gehen dann in den Kindergarten (falls möglich) und kommen in die Schule (falls möglich). In dieser Zeit sind wir bestens an unserer „**Inneren Führung**" und den „universellen Computer" angeschlossen. Unsere Intuition funktioniert prima.

Bald sind wir in den Jahren der „Pubertät". Es findet ein Wechsel statt. Unsere Ego-Zeit kommt voll in Gang. Ego heißt: ICH! Das heißt, dass wir nun in der Zeit angekommen sind, in der wir die Erfahrungen machen, die wir uns für diese Inkarnation vorgenommen haben und die „Berg- und Talfahrt" rollt. Es geht fröhlich und schmerzhaft, zufrieden und unzufrieden, gesund und gesundheitlich belastet, erfolgreich und erfolglos zu. Es gibt weder gut noch böse. Es ist die Dualität! Nach dem Motto: „Eine Medaille hat immer zwei Seiten."

Wie sieht es bei mir aus
mit dem Fluss meines Lebens?

Fließt er fröhlich plätschernd oder
auch stärker immer weiter?
Oder gibt es Blockaden und
es staut sich etwas?

Fließt er fröhlich frisch voran,
dann ist es gut.

Sind Blockaden da und staut es sich,
dann schaue ich hin,
bringe liebevoll neue Ordnung
hinein und mein Lebensfluss
fließt wieder frisch und frei —
und ist in Harmonie.

Anna Katharina Lahs

In der Addition verbuchen wir dann alles auf unserem Lebenskonto: ERFAHRUNGEN.

Und genau deswegen sind wir hier auf dem Planeten **ERDE**.

Hier können wir **LEBEN ERFAHREN**. In der Vollkommenheit, die unsere wahre Essenz ist, ist Leben zu erfahren unmöglich! Da ist eben alles: vollkommen!

Herr Kurt Tepperwein hat uns im Unterricht dazu folgendes gelehrt: „**Wir sind aus der Vollkommenheit herausgegangen in die Begrenzung einer menschlichen Existenz mit den Erfahrungswerkzeugen KÖRPER und EGO, um Leben zu erfahren.**"

Wir sind „von Hause aus" reines Potential: pure Energie und sind so als Geistwesen zu verstehen. Dort ist alles vollkommen. Und irgendwann wird die Vollkommenheit langweilig. Und so haben wir uns – mit unserem personalisierten Teil des einen SEINS den wir „Seele" nennen – dazu entschieden, auf dem Lern- und Leuterungsplanet **ERDE**, zu inkarnieren mit den Erfahrungswerkzeugen: **KÖRPER** und **EGO**.

Hier können wir am Spiel des Lebens teilnehmen und unsere Erfahrungen machen. Wenn wir diese Jahre und Jahrzehnte erlebt haben, dann wechseln wir wieder. Wir kommen aus der Zeit des unbewussten Schöpfers in die Zeit der Reife, die Zeit des bewussten Schöpfers unseres eigenen Lebens. Der eine früher, der andere später – der eine mehr, der andere weniger. Jeder in seiner Qualität und in seinem Tempo. Wir nennen es: Die Wechseljahre. Dies gilt für Mann und Frau gleichermaßen.

Je nach Individualität fällt dann die Qualität dieser Zeit für jeden Einzelnen aus. Es kommt vor allem darauf an, in wie weit er oder sie sich bereits von eigenen Altlasten befreit hat. Wir alle sind „verstrickt" mit unseren eigenen Themen, mit familiären- und auch mit anderen Themen. Je stärker wir bereit sind, diese Themen zu „entstricken" in Verwandlungs-/Transformationsarbeit, umso freier und vitaler sind wir. Frei und erlöst. Die Worte „verstrickt sein" und „entstricken" kenne ich durch Robert Betz.

Es ist der Weg unserer eigenen Ent-wick-lung. Wir sind mit allem möglichen „verwickelt" und „verstrickt". Und das geht inkarnationsübergreifend! Es ist ohne Belang, WANN dafür die Ursache gesetzt wurde!

Auf dem Quantenfeld ist immer: JETZT! Und dort sind diese Informationen in Form von Frequenzmustern gespeichert. Und erst, wenn wir uns davon befreit haben, dann sind wir erlöst. Dann sind wir wieder vital, fröhlich und gesund.

Hierzu ein Lehrsatz von meiner Ausbildung zur Masseurin und med. Bademeisterin im Jahre 1978/1979 bei unserem Elektrounterricht: **„Energie ist immer, war immer und wird auch immer bleiben! Sie wechselt nur die Formen und die Träger!"**

Wir befinden uns in der Zeit der größten Transformation, die es je auf Erden je gegeben hat. Es wird gesagt: „Wie die Zeit verfliegt!" In den höheren Schwingungen, in denen unser Planet ERDE jetzt ist, vergeht die Zeit viel schneller – nach unserem Empfinden. Es ist auch so! Tief schwingende Energie ist entschieden langsamer als hoch schwingende Energie.

In der Unendlichkeit

gibt es unendlich viele

U n e n d l i c h k e i t e n!

Ralf A. Zunker

Aus diesem Grunde gibt Mutter ERDE jetzt alles preis, was diesen hohen Schwingungen unentsprechend ist. Und deswegen „spürt" man jetzt auch an seinem Körper, in der Partnerschaft, in der Familie, am Arbeitsplatz, in allen Kindergärten, Schulen, Firmen, Heilstätten und Seniorenheimen, in der Politik, im Gesundheitswesen, im Verwaltungswesen, im Finanzwesen und überall diese Kraft des Unbehagens.

Alles, was mit den hohen Schwingungen im Ungleichgewicht steht, meldet sich heftig und macht so auf sich aufmerksam.

Es sind die **Botschaften des Lebens mit der Bitte um Korrektur.** So heilt auch der Körper von „MUTTER ERDE" nach und nach. Es rüttelt und schüttelt so lange, bis alles stimmt!!!!

Unser menschliches Auge hat begrenzte Sehfähigkeit. Vieles ist für uns unsichtbar und ist doch präsent.

Können wir folgendes sehen? Röntgenstrahlen, Kohlendioxid, Elektrosmog, Mikrowellen (Herd), Radarwellen, Mobilfunkfrequenzen, Fernsehstrahlen, erdmagnetische Felder, Satellitenstrahlen, elektromagnetische Felder durch Photovoltaikanlagen und durch Überlandleitungen, Irritationen durch Luftverwirbelungen von Windkrafträdern für die Vögel, und elektromagnetische Schwingungen für die Kleintiere am Boden in unmittelbarer Nähe am Fuße des dazugehörigen Turmes u. s. w.

Wie heißt es doch so schön: „MAN SIEHT NUR MIT DEM HERZEN GUT".

Mein Lehrer Robert Betz sagt, dass Gefühle ohne Verfallsdatum sind! Und sind diese Gefühle belastender Natur, so ist es einfach gut, sie aufzuspüren und zu transformieren. Durch diese Verwandlung entsteht wieder neutrale Energie und wir können sie zu unserem Wohle nutzen. Ich bin Organetikerin für Menschen und Tiere. Weiterhin bin ich Organo Feng Shui Beraterin. Hier geschieht ständig Transformation, um den Einzelnen wieder in die Ordnung – in seine ureigene Kraft zu bringen und „den Rucksack" zu leeren.

Schauen Sie sich auch hierzu unsere Website an, wenn Sie möchten: www.organetik-westerwald.de

Der „unsichtbare Rucksack" auf dem Rücken ist wieder leer und wir gehen dann in der **Leichtigkeit des Seins** durch unser kostbares Leben. Sind die Altlasten transformiert, dann sind wir befreit und erlöst. Neue Kraft steht uns zu Verfügung!

Zitat von meinem Lehrer Kurt Tepperwein: „Jeder einzelne Tag ist ein wertvolles Geschenk auf der Bühne, die wir LEBEN nennen! Hier haben wir die großartigen Chancen und Möglichkeiten, Leben immer wieder neu zu erfahren."

Seit 12 Jahren arbeite ich nun selbständig (Start: 01.07.2004) in meiner PRIVATEN GESUNDHEITSPRAXIS für Menschen, Tiere, Häuser, Gebäude und Ländereien, um wieder alles in die Ordnung zu bringen, in der das „Wohlfühlgefühl" DA ist. Ich bin persönlich, per Telefon, per Foto, per Gedanken und via Skype für alle da, die bei mir Hilfe suchen und für die ich zuständig bin. Diese herrliche Aufgabe erfüllt mich. Ich mache sie mit Freude, mit Liebe, mit meiner ganzen Kraft und mit meinem ganzen Gemüt.

Präsent im HIER UND JETZT. Ich danke aus tiefstem Herzen dafür, dass ich atmen kann: frei und erlöst. ATEM IST LEBEN! Lesen Sie dieses Wort mal von rechts nach links. Das Wort: LEBEN. Ja genau: es heißt dann NEBEL!!!!

Raus aus dem Nebel und hinein in das Leben – das ist der Weg, den ich in meinem Buch beschreibe. Nutzen Sie diese kostbaren Informationen für sich und für Ihr kostbares LEBEN.

Ich DANKE von ganzem Herzen dafür, dass ich wieder gesund und „heil" bin und dass ich sogar zwei wunderbaren Kindern das Leben geschenkt habe. Nun sind sie erwachsen und leben ihr eigenes Leben: frei und authentisch.

Und genau deswegen widme ich mein Buch **DEM LEBEN SELBST,** als großen **DANK** für das tägliche Geschenk: **ZU LEBEN** und meinem Leben den bestmöglichen Sinn für mich und für alle, die mit mir zu tun haben, zu geben. Ich kam vom Beruf zur Berufung und lebe jetzt in der Erfüllung. Das ist der Weg der Freude. Das ist der Weg vom Dunkel ins Licht.

D A A A A N K E
Anna Katharina Lahs

KAPITEL 1
Ich finde mich selbst – und Heilung geschieht

Ich bin ICH SELBST.
Ich bin ganz bei mir.
Gedanken kommen und gehen.
Sie ziehen vorbei, wie die Wolken am Himmel.
Alles, was mich so sehr beschäftigen wollte,
zieht jetzt an mir vorbei, wie die Wolken am Himmel.
In mir kehrt Ruhe ein. Ruhe und Gelassenheit.
In mir ist es still.
Ich ruhe in MIR SELBST …
und … Heilung … geschieht.

Meine Seele ist still in mir.
Meine Seele ist still in MIR SELBST.
Sie fühlt sich wohl und ist geborgen.

Ich bin im Wohlstand.
Alles in meinem Leben steht wohl:
Meine Gesundheit,
meine Tätigkeiten,
meine Familie,
meine Finanzen,
meine Art zu wohnen,
meine persönlichen Kontakte,
meine Lebenskraft,
mein Lebenswille und
meine Lebensfreude.
Ich bin vital, fröhlich und gesund.
Ich lebe angst- und sorgenfrei.
Ich bin wachsam.

Um ALLES in MEINEM LEBEN steht es wohl.
Ich lebe im WOHLSTAND.

Ich liebe mich,
ich achte mich,
ich ehre mich
und ich pflege mich.
So gehe ich: FRISCH VORAN …
und … Heilung … geschieht.

Ich bin es mir wert, dass es mir in ALLEN meinen
Lebensbereichen gut geht. Deswegen erfühle
ich ALLES und folge der Stimme meines Herzens.
Ich habe ein gutes SELBST-WERT-GEFÜHL.
Ich bin SELBST-BEWUSST.
Ich bin MIR SELBST BEWUSST.
Ich vertraue: MIR SELBST.
Ich lebe im SELBSTVERTRAUEN.

Aus diesem Bewusstsein heraus,
lebe ich glücklich und bin zufrieden.
Ich bin guter Dinge.
Ich bin frei von Sorge und Angst.
Ich bin frei von Stolz und Vorurteil.
Ich bin frei von Wut und Traurigkeit.
Ich bin frei von Schuld und Schmerz.
Ich bin frei von Neid und Eifersucht.
Ich bin frei von Zweifel und Misstrauen.

ICH NEHME WAHR, WAS IST UND
REAGIERE ENTSPRECHEND.

Vom Mangel in die Erfüllung:

Aus Unfrieden
in den Frieden.

Aus Unklarheit
in die Klarheit.

Aus Verstrickung
und Abhängigkeit
in die Freiheit.

Aus der Angst
in die Liebe.

Robert Betz

Und so bin ich BEFREIT.
Ich bin ERLÖST.

Ich finde MICH SELBST immer wieder neu.
und … Heilung … geschieht.

Ich bin ein SCHATZ!
Ich schätze mich.
Ich achte meinen Wert.
Ich lebe ständig in der SELBST-WERT-SCHÄTZUNG!
Und so ACHTE ich BESTENS auf MICH SELBST.
Ich lebe in der SELBST-ACHTUNG!

So erlebe ich die WERTSCHÄTZUNG und ACHTUNG
meines Umfeldes, denn mein Umfeld spiegelt mich.
Und ich erkenne MICH SELBST in
DEN SPIEGELN MEINES LEBENS.

Also: in meinen Großeltern,
in meinen Eltern,
in meinen Geschwistern,
in meiner Partnerschaft,
in meinen Kindern,
in meiner ganzen Familie mit Verwandten und Ahnen,
in meinen Nachbarn,
in meinen Freunden und Bekannten,
auf meinem Arbeitsplatz,
in meiner Wohnsituation,
in meiner finanziellen Situation,
in meiner Post,
in den Tieren und Pflanzen, mit denen ich zu tun habe,
in meiner Ernährung,
in meiner Art, Sport zu treiben,

in meiner Gesundheit,
in meinem eigenen Maß für Leistung und Erholung,
eben- in MEINEM GANZEN LEBEN.

Ich erkenne die Botschaft in den Spiegeln MEINES LEBENS.
Ist alles in Harmonie, dann ist es gut und ich genieße
diesen Zustand. Bemerke ich eine Disharmonie, schaue
ich hin, löse sie ab und ändere meinen Kurs entsprechend. Wenn ich das schon wieder SELBST kann, ist es
gut – andernfalls lasse ich mir kompetent helfen.

Den Weg gehe ich so lange, bis ALLES STIMMT.
Und so finde ich immer mehr zu MIR SELBST ZURÜCK.
Ich weiß GANZ GENAU:
Wenn ich STIMME, dann STIMMT AUCH MEIN LEBEN.
Und … Heilung … geschieht.

Ich atme optimal.
Ich ernähre mich optimal.
Ich bewege mich optimal.
Ich denke meine Gedanken: liebevoll.
Ich formuliere meine Worte: liebevoll.

Ich bin mir der KRAFT der VERWIRKLICHUNG meiner
Gedanken VOLL BEWUSST! Ich bin mir der KRAFT der
VERWIRKLICHUNG meiner Worte VOLL BEWUSST! Ich
weiß: Die WIRKLICHKEIT HEISST: WIRKLICHKEIT, weil sie
wirkt! Meine Gedanken und meine Worte kommen in der
Wirklichkeit an und kehren wieder zu mir zurück. Also
weiß ich wieder, dass in der KRAFT der VERWIRKLICHUNG
meiner Gedanken und meiner Worte, die KRAFT der
SCHÖPFUNG liegt. Und ALLE SCHÖPFUNG fängt in meinen
Gedanken an, in MEINEM GEIST.

Das Alte

macht dem Neuen Platz.

Das Leben ist ja auch

wirklich ein SCHATZ!!!!

Kommt mit

und geht einfach alle hin:

auf den Weg von der Raupe

zum Schmetterling. ☺

Anna Katharina Lahs

Habe ich DIESEN ZUSAMMENHANG wieder erkannt, kann ich meinem Leben eine neue Richtung geben. Ich nehme volle Fahrt auf und gehe einfach auf neuen Kurs.

Ich habe IMMER DIE WAHL – in JEDEM AUGENBLICK MEINES LEBENS habe ich die CHANCE UND DIE MÖGLICHKEIT, NEU ZU WÄHLEN!!!!

Ich bin mir dessen VOLL BEWUSST und nutze dies für MICH SELBST und mein wunderbares LEBEN. Ich weiß, dass ALLES, was ich aussende, zu mir zurückkehrt. Ich bin magnetisch. Ich wähle immer optimal. Ich weiß, dass ein Magnet nur in eine Richtung arbeitet. Entweder er zieht an oder er stößt ab. Und so wähle ich SELBST-BEWUSST.

Ich kenne das Gesetz der Resonanz:
Was ich an Schwingungsmustern aussende,
kehrt zu mir zurück.
Dies nutze ich für MICH SELBST
und mein wundervolles Leben.
So ist mein Leben: VOLLER WUNDER .
Und … Heilung … geschieht.

Ich verursache liebevolle Gedanken,
liebevolle Worte und vollbringe liebevolle Taten.
Also: VOLLER LIEBE !!!!

Ich mache täglich: GEDANKENHYGIENE.
Ich mache täglich: SPRACHHYGIENE.
Ich mache täglich: TATENHYGIENE.
ALLES mache ich gut – und so geht es mir gut.

Ich bin ein: MACHER – also: EIN SCHÖPFER!!!!

Ich höre auf, den Mangel zu verwalten und fange an, den WOHLSTAND zu verursachen.

Ich befreie mich von Altlasten.

Ich weiß nun, was ich schöpfen will.

Ich weiß tief in mir, dass es geht.

Ich nehme es in Besitz. Ich „probiere" es an, ob es MIR PASST. Ob es zu MIR PASST. Ich korrigiere so lange, bis es **FÜR MICH SELBST** stimmt! Erst das, was wirklich zu MIR PASST und für MICH STIMMT, nehme ich geistig vollends in BESITZ. Das heißt: Es gehört mir – es gehört zu mir. Ich weiß tief in mir, dass das so IST.

Dazu lege ich ein Datum fest, bis zu dem ich das hier in der Realität erlebe. Dies alles verfasse ich **schriftlich**!!!! SEHR WICHTIG ist dabei OHNE die Worte: „KEIN", „NICHT" und „NIE" zu formulieren denn diese Worte sind ohne Akzeptanz in unserem Unterbewusstsein!!!!

Jetzt erfasse ich dies alles mit meinem **GEFÜHL und erfreue mich von GANZEM HERZEN** daran, dass es geschehen ist. Die Kombination **Wort + Bild + Gefühl + Freude und Dank in Beachtung der GEISTIGEN GESETZE IST gleich: URSACHE! Stimmt die Ursache mit der Absicht überein, fängt diese Schöpfung mit der Verwirklichung dessen an und wird zum richtigen Zeitpunkt sichtbar.**

Ich bedanke mich aus GANZEM HERZEN dafür, dass es ab JETZT in der Wirklichkeit wirkt. Denke ich ab und zu daran, dann freue und bedanke ich mich nur wieder von GANZEM HERZEN MIT DER VOLLEN ABSICHT dazu. (Es ist unnötig geworden, die vorherigen Schritte zu wiederholen. FREUDE UND DANK allein genügen.) Dieser Strom lädt diese Schöpfung mit Energie auf und treibt die Verwirklichung

Du bist einzigartig.
Schenke Dich der Welt
mit Deinem
vollen Potential.

Stephan Landsiedel

voran, wie das Laden meiner Autobatterie. Deswegen sende ich immer mal wieder die volle Herzensfreude und den vollen Herzensdank dafür aus. Das treibt die Verwirklichung meiner Schöpfung an.

Ist meine Schöpfung an dem Datum noch unsichtbar, so trage ich das Datum einfach immer weiter und halte meine Frequenz, meine **EINSTELLUNG**, bis ich es hier in der Realität erlebe. Meine innige· Freude daran, mein herzlichster Dank dafür, mein fester Glaube dazu und das Wissen darum, dass es den GEISTIGEN GESETZEN entspricht – fördern ZUM RICHTIGEN ZEITPUNKT meine Schöpfung zutage.

Mein Verstand – mein Ego, ist unfähig zu schöpfen. Mein geistiges Herz: mein persönliches Navigationssystem, kann das.

Hat es dort fertig gewirkt: in der WIRKLICHKEIT, dann kann ich es hier, in der Realität, wo Leben stattfindet, freudig und dankbar in Empfang nehmen und für mich und mein wundervolles Leben nutzen, wenn es dem REGELWERK DER GEISTIGEN GESETZE entspricht. Ich vertraue dem Fluss des Lebens und ich weiß, dass alles zum RICHTIGEN ZEITPUNKT in meinem realen Leben sicht- und nutzbar ist. Und der RICHTIGE ZEITPUNKT IST IMMER DER BESTE!!!!

Ich kenne das Gesetz von Saat und Ernte – eben:
das Gesetz von Ursache und Wirkung.
Ich nutze es für MICH SELBST
und … Heilung … geschieht.

AUTO heißt: SELBST

Will ich mein Auto bewegen, muss ich den Weg NACH
INNEN GEHEN! Ich setze mich einfach in mein Auto hinein,
stecke den Schlüssel in das Zündschloss, drehe ihn um
und die Fahrt kann beginnen. Wohin ich fahre, bestimme
ICH SELBST ganz genau.

Und ich weiß es wieder:
Weder in den Ozeanen unseres Planeten: Erde
noch im Weltall finde ich den Schlüssel zu MIR SELBST.
Er ist IN MIR VERBORGEN.
IN MIR SELBST!!!!
Ich gehe einfach den Weg NACH INNEN und
E R I N N E R E mich an: MICH SELBST.
Ich nehme den Weg NACH INNEN,
räume alles Geröll, allen Ballast und allen Schutt,
der mir den Weg versperrt weg
und bin wieder BEI MIR SELBST angekommen.
Ich bin wieder: ZU HAUSE und ich erkenne:

Ich BIN GESUND, war IMMER GESUND
und werde IMMER GESUND BLEIBEN.

Nur mein Ego und mein Körper können gesundheitliche
Belastungen haben, denn es sind meine, einst von MIR
SELBST erschaffenen und gewählten Erfahrungsinstru-
mente für dieses Leben. Ich weiß: **es gibt weder gut noch
böse**. Es gibt nur: **ERFAHRUNGEN**.

Und ich weiß es wieder: Ich reife in meinem Erdenleben
in MEINER PERSÖNLICHEN QUALITÄT und in MEINEM
PERSÖNLICHEN TEMPO. Und das ist in Ordnung. Es darf
SEIN. Alles darf SEIN. Alles ist gut, dass es ist und wie es
ist. Und ALLES hat seinen Grund, warum ES IST, WIE ES

Wenn etwas im Leben

sehr schwer geht,

dann ist es nur

der Beweis dafür,

dass es anders

leichter ginge!

Kurt Tepperwein

IST. Und so kann ich ALLES SEIN LASSEN, denn ich weiß es ja: ALLES DARF SEIN. Und ich habe die Möglichkeit, wenn es RICHTIG ist, ALLES in JEDEM AUGENBLICK meines Lebens zu ändern und ALLES fängt in meinen Gedanken an. Jeder Gedanke ist Energie und erzeugt Energie – und kehrt über das Regelwerk der GEISTIGEN GESETZE zu mir zurück. In welchem Zeitraum das geschieht, ist ohne Belang. Es ist auf jeden Fall immer der RICHTIGE Zeitpunkt!

Hat sich die Zeit einer bestimmten Erfahrung für mich erfüllt, bedanke ich mich bei meinem Leben dafür, schaue hin, löse ab und bin bereit für neue Erfahrungen. Ich weiß ganz genau, dass ich IMMER die WAHL habe, WELCHE ERFAHRUNGEN ich machen möchte, wenn ich wieder SELBST-BESTIMMT lebe. Ich SELBST entscheide das. Ich wähle und entscheide immer optimal.

ICH SELBST gehe MEINEN GANZ EIGENEN LEBENSWEG. Wer – außer MIR SELBST – könnte dies tun????

Ich schaue immer wieder wachsam hin:
lebe ich noch fremdgesteuert – oder wieder:
SELBST-BESTIMMT????
Ich **BIN DER ENTSCHEIDER!!!! ICH SELBST!!!!**

Und ich weiß GANZ GENAU, dass JEDER EINZELNE die CHANCE UND MÖGLICHKEIT HAT, ALLES in SEINEM LEBEN NEU ZU ENTSCHEIDEN!!!! Ist mir das erneut bewusst, dann kann ich **ALLES ÄNDERN**, bis es für mich stimmt. Denn ich weiß es ja wieder: Wenn alles stimmt, STIMMT AUCH MEIN LEBEN. Ich nehme wahr, was für MICH SELBST stimmt und gehe meinen Lebensweg SELBSTBEWUSST.

Und … Heilung … geschieht.

Nochmal zur Wiederholung:

Ich weiß, was ich will. Ich glaube, dass es geht. Ich stelle mir die Verwirklichung in der Realität vor: ich erlebe mich also in der Erfüllung. Ich „probiere" sie an, wie ein Kleidungsstück und fühle hinein, ob es „passt", ob es MIR PASST, ob es ZU MIR PASST!!!! Ist es unpassend, korrigiere ich es so lange, bis alles stimmt und es sich einfach gut anfühlt. Dann erlebe ich mich voll in der ERFÜLLUNG dessen. Auf einmal fühle ich die GROSSE FREUDE in MIR SELBST, dass es geschehen IST. Anschließend fühle ich den GROSSEN DANK in MIR SELBST, dass es GESCHEHEN IST. Ich beachte die Vorgehensweise mit dem **DATUM**!!!!

Dies ALLES mache ich MIT DER FESTEN ABSICHT dazu, denn ich weiß, dass die FESTE ABSICHT verwandelt, also: transformiert. Wünsche ich mir nur einfach etwas, so ist es auf der Schöpfungsebene notiert. In Realität verwandeln kann nur die Kombination von HERZENSWUNSCH UND DER FESTEN ABSICHT dazu!!!!

Nun lasse ich dies alles in Liebe los und weiß: Die Bestellung ist gemacht! Ich habe gesät und kann nach der Reife die Ernte einfahren. Dies alles kann nur: ICH SELBST! Meinem Ego ist diese Schöpfungsfähigkeit unbekannt. Es kann nur auf bekannte Dinge zurückgreifen. Mein Ego braucht immer Zahlen, Daten, Fakten, Statistiken und wissenschaftliche Beweise und wurde einst von MIR SELBST erschaffen, um mir als Erfahrungsinstrument zu dienen.

Ich bin ein Teil der Natur und
die Natur ist ein Teil von mir selbst.

Ich lebe im harmonischen
Miteinander mit allen Menschen,
Tieren und Pflanzen.

Mit der Luft, dem Wasser und
dem Boden — ohne auf irgendeine
Art und Weise zu schaden.

Welche Einstellung hast Du dazu?

Anna Katharina Lahs

Nun: Die „Bestellung" ist gemacht und ich lebe in der Gewissheit, dass es geschehen IST. Wenn ich wieder daran denke, FÜHLE ICH SELBST immer wieder die FREUDE UND DEN DANK. Das allein genügt!!!! Ich fühle Freude und Dank INTENSIV und lade meine Schöpfung so mit purer Energie auf. Bleibe ich nun mit Geduld und Beharrlichkeit auf dieser Frequenz – auf dieser „Einstellung" – so muss sich meine Schöpfung erfüllen. Dies besagt das Gesetz des Glaubens. Glaube hat Schöpferkraft! Ist der RICHTIGE ZEITPUNKT der Erfüllung gekommen, so ist mein Wunsch in der Realität, in der ich hier lebe sichtbar. Und ich weiß es ja wieder: „DER RICHTIGE ZEITPUNKT IST IMMER: DER BESTE!!!!"

Was immer ich schöpfe muss IM EINKLANG mit dem Regelwerk der geistigen Gesetze stehen und dann vollzieht sich dieser Wunsch mit meiner festen Absicht dazu. Wie schon gesagt: ERST DIE ABSICHT TRANSFORMIERT! Dies alles funktioniert VÖLLIG MÜHELOS. Weder ein wachsender Grashalm, noch ein fliegender Schmetterling strengen sich an. Das Gras wächst: einfach! Der Schmetterling fliegt einfach, locker, leicht und völlig mühelos. Also: OHNE MÜHE!!!! Die Natur macht es mir IMMER wieder vor und ich bin ein Teil der Natur.

Und … Heilung … geschieht.

Mir ist VOLL BEWUSST, dass ALLES zuerst ein GEDANKE IST. Das heißt: dass ALLES IN MEINEM GEISTE BEGINNT. Jeder Gedanke IST ENERGIE und ERZEUGT ENERGIE. Dieser Strom ist z. B. im EEG, also im Elektroenzephalogramm, zu sehen. Im EKG, also im Elektrokardiogramm, ist der Strom meines Herzens zu sehen. Ich „funktioniere" nur mit Strom. Alle Organe, alle Muskeln, alle Knochen, alle

Nerven von mir – eben alle Zellen – leben nur durch Strom, durch pure Energie. Ich habe einen Energiekreislauf, der immer mit der universellen Energie interagiert. Ich ziehe universelle Energie an. In meinen Chakren wird diese Energie transformiert, meinem SO SEIN angepasst und in meinen Meridianen weiterverwandelt, um sie entsprechend auf meinen Blut-, Nerven- und Lymphkreislauf zu übertragen. So ist mein ganzer Körper von universeller Energie gespeist und genährt. Es ist zu vergleichen mit den Satellitenprogrammen.

Diese Energie wird vom Satellit auf die Satellitenschüssel auf unserer Hauswand oder in das entsprechende Kabel transportiert, dann auf den Receiver von unserem Fernseher übertragen. Der Receiver transformiert, also verwandelt diese elektrischen Impulse und auf einmal können wir einen Film im Fernsehen anschauen.

Unser Körper ist auch: unser Bildschirm. Wir können auf ihm nur das sehen, was energetisch und geistig schon lange fertig ist und was unser Körper nun eben spiegelt. Unser Körper ist ein Spiegel von Geist und Seele. Alles ist zunächst einmal feinstofflich da. Erst danach wird es feststofflich. Circa 3 m um uns herum haben wir unsere Energiefelder: unsere „menschliche Festplatte". In der Mitte ist unser Körper zu sehen.

Einige Menschen können diese Energiefelder schon sehen. Für Katzen, Hunde und Pferde zum Beispiel, ist das ganz normal. Sie sehen zuerst unsere feinstofflichen Körper und dann unseren feststofflichen Körper. Die Tiere sehen die Energiefelder und reagieren – je nach Beschaffenheit dieser feinstofflichen Schwingungsmuster – mit Zuneigung oder Ablehnung der Person, die sie sehen.

Gefühle sind dazu da,

um gefühlt zu werden.

So wie Bonbons dazu da sind,

um gelutscht zu werden.

Robert Betz

Und nun ist mir wieder voll bewusst: Mit meinen Gedanken schöpfe ich mein Leben. Ein Gedanke ist feinstofflich und die Voraussetzung für das Sichtbare. Also: MEIN BEWUSST-SEIN ERSCHAFFT MEINE REALITÄT IM HIER UND JETZT.

Ich weiß, dass ich mich von meinen Altlasten befreien muss, um Platz für neue Erfahrungen zu schaffen. Deswegen leere ich „MEINEN RUCKSACK" immer wieder aus. Dies mache ich genau dann, wenn MEIN LEBEN mir dazu die Botschaft gibt, denn ich weiß: Für ALLES in MEI-NEM LEBEN gibt es IMMER DEN RICHTIGEN ZEITPUNKT. DAS ALTE MACHT DEM NEUEN PLATZ.

Um mich herum habe ich meine geistigen und seelischen Energiefelder. Und in der Mitte ist mein Körper. Das ist mir jetzt wieder VOLL BEWUSST. Um mich herum ist so-zusagen, meine: menschliche Festplatte! Ich räume meine „menschliche Festplatte" immer wieder auf und so bin ich auf dem neuesten Stand. Es ist, wie das Defragmen-tieren meines Computers. Ich mache von Zeit zu Zeit immer wieder ein „Update": eine Inventur. Alte Muster und „Programme" von mir können nun gehen. Ich bin dankbar für die Erfahrungen, die ich dadurch gemacht habe und lasse sie in Liebe los.

Die Natur macht es mir ständig vor – mit ihrem Wechsel-spiel der Jahreszeiten. Und ICH SELBST BIN EIN TEIL DER NATUR. So ist alles im natürlichen Energiefluss des Lebens. DAS ALTE MACHT DEM NEUEN PLATZ. JEDE Befindlich-keitsstörung ist eine Energieflussstörung in meinem Leben. JEDER Energiestau ist eine Botschaft MEINES LEBENS an MICH SELBST. Und so bedanke ich mich bei meinem Leben für diese Botschaft, schaue hin, bringe Ordnung hinein und die gesunde Lebensenergie oder auch Prana, Chi oder Feng Shui genannt, kann wieder frei fließen. So sind die Kräfte der Balance **Yin und Yang** im Gleichgewicht und die Heilschwingung fließt wieder frei und … Heilung … geschieht.

Ich atme SELBSTBEWUSST.

Ich atme MEIN LEBEN immer wieder neu ein und aus und wieder ein und aus.

Mir ist klar, dass mein Einatmen die erste Aufgabe in meinem Leben ist. Und mir ist klar, dass mein Ausatmen die letzte Aufgabe in meinem Leben ist. Ich schaue ganz genau hin: Gibt es etwas in meinem Leben, was mir die Luft zum Atmen nimmt? Falls nein, ist es gut. Falls ja, bringe ich es wieder in die Ordnung. Entweder ich kann es selbst, oder ich lasse mir kompetent helfen, bis ich frei und erlöst bin. Ich atme frei und bin erlöst. Und so atme ich mein Leben immer wieder ein und aus und ein und aus.

Meine reine Atmung ist mir wichtig – und so achte ich immer darauf, optimal zu atmen in optimaler Luft und: Ich fühle mich wohl. Und ich erinnere mich wieder: ATMEN IST LEBEN.

Und … Heilung … geschieht.

Ich bin KREATIV.
Stellt mich mein Leben vor ein Problem, so lasse ich mir zur Lösung das RICHTIGE „EINFALLEN". „Pro" heißt: für – und „blem" heißt: mich! Also: FÜR MICH!

Wer nach den Sternen greift,

kommt automatisch

an den Baumwipfeln vorbei,

die andere

für unerreichbar halten.

Stephan Landsiedel

Dieser Wortstamm kommt aus dem Griechischen. Ein Problem ist FÜR MICH da, um mir in meinen Erfahrungs- und Reifeprozessen zu helfen. Es ist ein Geschenk meines Lebens an MICH SELBST. Es ist die „Verpackung". Habe ich diese Hülle gelöst, so befindet sich im Inneren das Geschenk: DIE ERKENNTNIS.

Ich weiß ganz genau, dass mein Leben mir diese Aufgabe erst stellt, wenn ich reif genug dazu bin. Das ist immer so und darauf vertraue ich MIR SELBST. Es ist das Ergebnis von Ursache und Wirkung, also: von Saat und Ernte. Ich SELBST habe dieses Problem einst verursacht. Egal, ob es nun vor kurzem war oder vor lang vergangenen Tagen.

Was ich verursacht habe, kommt über das Gesetz der Resonanz auch zu mir zurück. Zeit ist dabei ohne Belang. Ich habe also nur mit dem zu tun, was mich auch etwas angeht. Es trifft mich nur, weil es mich betrifft. ALLES andere hält das Leben zuverlässig von mir fern. Eine gerechte Sache!

Und so stellt sich mir die Frage: Meistert mich die Situation oder meistere ich die Situation?!?! Wenn in meinem Leben etwas sehr schwer geht, ist es nur der Beweis dafür, dass es ANDERS LEICHTER geht!!!!

Ich weiß wieder, dass Ärger alles nur noch ärger macht. Wenn ich mich heftig über etwas ärgere, dann ist das ohne Veränderung für das Problem. Ich habe nur die ganze Kraft, die ich zur Lösung meines Problems gebraucht hätte, VERBRAUCHT. Und: ärgern müsste ich mich ja schon SELBST. Es heißt ja auch: „Ich habe mich geärgert". Wenn ich etwas tun kann, dann kann ich es auch lassen. Diese Macht habe ich in JEDEM AUGENBLICK MEINES

LEBENS. Es dient sehr stark der Gesunderhaltung, das Ärgern zu verlernen. Das ist mir jetzt wieder klar. ☺

Also: lehne ich mich entspannt zurück und lasse los. Ich gehe ein Stück in der Natur spazieren, fahre mit meinem Fahrrad, gehe schwimmen oder mache z. B. einen Wellnesstag. So habe ich „meinen Kopf" wieder frei. Dadurch kommt der „EINFALL" zur Lösung meines Problems zu MIR SELBST. Ich weiß, wenn sich ein Problem stellt, ist die Lösung gleich darin enthalten. Diese Gewissheit schenkt mir Ruhe.

Ruhe und Gelassenheit.
Ich spüre das Vertrauen in mich und in mein Leben.
Ich spiele mit dieser Situation in meinem Leben
wie ein Kind: leicht und mühelos.
Der EINFALL kommt zu mir und ich weiß jetzt, wie es optimal weitergeht. Und so nehme ich mir eins nach dem anderen vor, bis ich die ganze Lösung habe. Ich reihe die einzelnen Möglichkeiten aneinander wie eine Perlenkette – so lange, bis die Lösung vollständig ist. Ich setze dies alles in die Tat um.
Also dann: FRISCH VORAN ☺
Und … Heilung … geschieht.

ICH LIEBE MEIN LEBEN UND MEIN LEBEN LIEBT MICH! Ich weiß ganz genau, dass ALLES zuerst ein Gedanke ist und aus geistiger Energie besteht. Ich kann geistige Energie in Situationen, Ereignisse oder Materie verwandeln. Ich kann sie in der geeigneten Zeit dafür nutzen.

Wenn die Zeit dafür vorbei ist, kann ich dies wieder transformieren, also zurückverwandeln in geistige Energie

Die Welt tritt zur Seite

für den,

der weiß, was er will!

Kurt Tepperwein

und sie nun für NEUES, was dem richtigen ZEITPUNKT entspricht nutzen. Ein Lehrer von mir sagt: „Gehen Sie mit der Zeit, sonst gehen Sie mit der Zeit!"

Alle Erfindungen werden zu einem genauen Zeitpunkt gemacht. Ob es nun die Dampfmaschine oder die erste Glühbirne ist, ein U-Boot oder eine Rakete, ein Computer oder ein Handy. Zu jeder Zeit gibt es entsprechende Erfindungen. Einer meiner Lehrer sagt: „DENKEN SIE GROSS!!!!" Es ist gut für mich, wenn ich groß denke. Es gibt nur die Grenzen, die ich MIR SELBST mache. Ansonsten ist ALLES MIT ALLEM verbunden. ALLES KONTROLLIERT SICH GEGENSEITIG, ALLES IST VONEINANDER ABHÄNGIG UND FUNKTIONIERT NUR: MITEINANDER!!!! Das ist in meinem Körper so, in meiner Familie, in unserer Gesellschaft, auf allen Kontinenten, in allen Meeren, in unserer Galaxie und in allen Universen. Es ist das kosmische Gesetz. KOSMOS kommt aus dem griechischen und heißt: ORDNUNG!

Ich weiß ganz genau, dass ich in der chancenreichen Zeit der großen Transformationsphase lebe und nutze dies für mich SELBST. Dafür bin ich dankbar und segne immer wieder alles neu, was ich so schöpfe. Ich weiß, dass ALLES, WAS ICH VON GANZEM HERZEN SEGNE, im gleichen Augenblick gesegnet ist, MIR SELBST zum Segen ist und sich für mich segensreich auswirkt.

Und so segne ich alles in meinem Leben:
meine Getränke,
meine Nahrung,
meine Kleidung,
meine Wohnung,
meine Familie,
meine Verwandten und Ahnen,

meine Freunde und Bekannte,
meine Nachbarn,
die Fahrzeuge, die ich benutze,
meinen Arbeitsplatz,
meine Weiterbildung,
meine Finanzen,
meine Post,
alle Menschen, Tiere und Pflanzen,
alle Wasser, allen Boden, alle Luft,
den Erdkern,
die Ozonschicht,
die Erdatmosphäre,
die Satelliten,
die Erdgitternetze mit ihren erdmagnetischen Feldern,
unsere Galaxie und alle Universen.
Und … Heilung … geschieht.

Ich liebe MICH SELBST.
Ich bin REINES BEWUSSTSEIN.
Ich bin REINES POTENTIAL.
ICH SELBST BIN DAS FELD ALLER CHANCEN UND
MÖGLICHKEITEN: DAS QUANTENFELD!

Das Feld aller Chancen und Möglichkeiten – **das Feld der Quanten: das Feld der LICHTTEILCHEN**. Pure Energie und jederzeit bereit zur Verwandlung – zur Transformation! Zur Transformation in Dinge, Ereignisse und Situationen. Genau so auch wieder in die Rückverwandlung zur puren Energie, um sie wieder völlig neu zu nutzen.

Also: Schöpfung und Entschöpfung in ständigem Wechsel!

Dein Körper wünscht sich
vor allem drei Nährstoffe:

Deine Liebe, Freude
und Dankbarkeit!

Robert Betz

Gigantisches Wissen von Chancen und Möglichkeiten sind mir hier allzeit gegenwärtig – also: in der Gegenwart, im **Präsens**! Ein **Präsent** ist ein Geschenk.

Ich gehe SELBSTBEWUSST im SELBSTVERTRAUEN damit um, und so erfinde ich mich und mein Leben immer wieder neu.

Das Feld ist unabhängig von Raum und Zeit und somit: überall zugleich. Dieses Feld existiert OHNE ZEIT. Es gibt für ALLES nur den RICHTIGEN ZEITPUNKT!

Hier, auf dem Planeten: ERDE, gibt es nur Sekunden, Minuten, Stunden, Tage, Wochen, Monate, Jahre, Jahrzehnte, Jahrhunderte, Jahrtausende u. s. w., weil sich pure Energie zu Materie verdichtet hat. Nur deswegen gibt es hier die Zeit. Und diese Erscheinung nutzen wir hier alle, um uns zu organisieren. Vergangenheit, Gegenwart und Zukunft sind nichts weiter als Bewusstseinszustände. In allen Universen funktioniert alles OHNE ZEIT. Es gibt nur für ALLES DEN RICHTIGEN ZEITPUNKT! Weder vorher, noch nachher findet Leben statt! Es ist IMMER: J E T Z T!!!!

Und so lebe ich im JETZT UND HIER.
ICH BIN DA! ICH BIN PRÄSENT!
ICH LEBE IN DER GEGENWART: IM PRÄSENS!

Und genau da beschenkt mich mein Leben und gibt mir – immer wieder neu – die Chance und die Möglichkeit, MICH SELBST von meinem Leben beschenken zu lassen. Ich gestalte ALLES in MEINEM LEBEN ZU MEINEM HÖCHSTEN WOHL. Ich bin ein Designer! Ich bin mein eigener „Lebensdesigner"! Ich gehe den heilsamen Weg der FREUDE und nutze ihn für MICH SELBST. Ich lebe stimmig, bin ehrlich und authentisch. Und so stimmt auch MEIN LEBEN. Ich gehe immer wieder den Weg von der Raupe zum Schmetterling und verwandele, transformiere so mein ganzes Leben ständig wieder neu.

Und … Heilung … geschieht.

Ich stehe mit meinen beiden Füßen FEST auf der Erde und trage meinen Kopf in der Luft. Ich gehe aufrecht durch MEIN LEBEN. Ich lebe achtsam in harmonischem MITEINANDER, wo immer ich auch bin, was immer ich auch tue. Ich trenne mich von allem, was mir schadet. Ich habe aufgehört, wesentlich mehr zu tun und angefangen, mehr WESENTLICHES zu machen! Ich habe aufgehört, zu funktionieren und angefangen: WIRKLICH ZU LEBEN!

Und jetzt „ERINNERE" ich mich wieder:
In mir ist Schöpferkraft und Klarheit.
In mir ist Demut und Bescheidenheit.
In mir ist Friede und Geborgenheit.
In mir ist Glaube und Vertrautheit.
In mir ist Ruhe und Gelassenheit.
In mir ist die Freude.
In mir ist der Segen.
In mir ist das Heil.
In mir ist: Liebe, Licht und Gleichgewicht.

Und … Heilung … geschieht.

Gehen Sie mit mir

durch die Tür

des Augenblicks —

in die Leichtigkeit

des SEINS.

Kurt Tepperwein

KAPITEL 2
Mögliche Risiken und mögliche Nebenwirkungen

Risiken:
Während und auch nach dem Lesen dieses Buches können folgende Regulierungserscheinungen auftreten:

Sie könnten Bilder oder/und Farben sehen, lachen, weinen, schwitzen, frieren, viel essen, wenig essen, viel schlafen, wenig schlafen, Muskelkater oder auch Regulationen Ihrer Wirbelsäule, Gelenke, Sehnen, Bänder, Bandscheiben, Meniskusscheiben, Diskusscheiben u. a. bekommen. Weiterhin können auch Balancearbeiten innerhalb zwischenmenschlicher Beziehungen stattfinden.

All dies dient der Steigerung Ihres Wohlbefindens und der Förderung Ihrer Gesundheit. Es sind die dazu ablaufenden möglichen Prozesse.

Zunächst kommt aller „Unrat" ans Tageslicht und darf dann gehen. Es ist selbstverständlich auch möglich, dass Sie ohne diese Erscheinungen auskommen und dass Sie sich direkt wohlfühlen.

Nebenwirkungen:
Gesundheit, Fröhlichkeit, Lebenslust, Lebensfreude, Tatendrang, Ordnung in Ihnen und um Sie herum, Selbstvertrauen, Selbstwertschätzung und SELBST-BEWUSST-SEIN!!!!

Dosierungsanleitung:
Ich empfehle Ihnen, dieses Buch so oft und in den optimalsten Zeitabständen zu genießen, wie es Ihrer WAHRNEHMUNG entspricht.

KAPITEL 3
Bei Fragen

Bei Fragen, die der Inhalt dieses Buches ans Licht gebracht hat, kontaktieren Sie bitte die Menschen Ihres Vertrauens:

Eltern, Geschwister, Verwandte, Nachbarn, Mitschüler/innen, Arbeitskollegen/innen, Ihren Partner/in, Ihren Freund/in, Ihren Arzt/Ärztin, Ihren Apotheker/in, Ihren Heilpraktiker/in, Ihren APM-Therapeuten/in, Ihren Organetiker/in, Ihren Transformationstherapeuten/in, Ihren Psychologen/in, Ihren Physiotherapeuten/in, Ihren spirituellen Lehrer/in, Ihre „Herzensstimme", oder Sie wenden sich ganz einfach an mich:

Anna Katharina Lahs
www.lebensschule-westerwald.de

Ich prüfe selbst, ob das,
was ich glaube, auch STIMMT!!!!

Ich weiß, wenn ich etwas glaube
was unwahr ist,
erzeuge ich Leid für mich
und für alle,
die mit dieser Angelegenheit,
um die es gerade geht,
zu tun haben.

Anna Katharina Lahs

DANK

von Anna Katharina Lahs

Mein persönlicher Dank gilt:

1. Zwei großartigen, geistigen Lehrern und
   zwei großartigen geistigen Lehrerinnen von mir.
2. Meinen Lehrerinnen und Lehrern der
   EUROPÄISCHEN PENZEL AKADEMIE in Heyen.
   (www.apm-penzel.de)
3. Meinem Lehrer: Ludwig Stümpfl und seinem
   ganzen Team in Tittling (Bayern/Deutschland).
   (www.organo.de)
4. Meinem Lebenslehrer: Kurt Tepperwein.
5. Meinem Lebenslehrer: Robert Betz.
   (www.robert-betz.com)
6. Meinem Lebenslehrer: Ralf A. Zunker mag. art.
7. Meinem Lebenslehrer: Stephan Landsiedel.
   (www.landsiedel-seminare.de)
8. Meinem Lebenslehrer: Ricardo Biron.
   (www.ricardobiron.de und
   www.toolsdersupertrainer.de)
9. Meinen „PRIVATLEHRERN":
   meinen Eltern, meinen Ehepartnern,
   meinem Sohn und meiner Schwiegertochter,
   meiner Tochter mit meinem Schwiegersohn.
10. Weiterhin meinen Großeltern, Verwandten und
    Ahnen, meinen Freunden und Bekannten,
    und allen, allen anderen, die mir auf meinem
    „Ent-wick-lungs-weg" ein Lehrer waren und allen,
    die es bis heute sind.

Ich lerne gerne.
Also dann:
FRISCH VORAN!!!!

Anna Katharina Lahs

„Ich liebe Dich" heißt oft:
„Ich brauche Dich und
Du brauchst mich."
(Sagen oft zwei Menschen.)

Dann sind es
zwei Braucher.

Und die verbrauchen
sich mit der Zeit
und sie gründen eine
„Verbrauchergemeinschaft".

Robert Betz

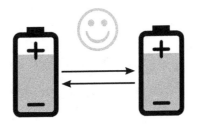

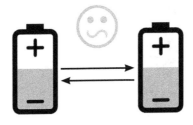

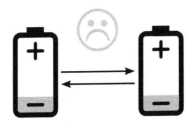

Anna Katharina Lahs

Ich liebe mich selbst und
das nährt auch Dich.
Du liebst Dich selbst und
das nährt auch mich.

Zwei Liebende,
die SICH SELBST LIEBEN, und
einander SEIN LASSEN und
sich nähren????

Die ernähren sich!!!!

Anna Katharina Lahs

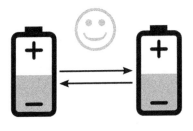

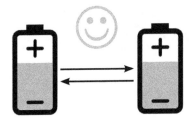

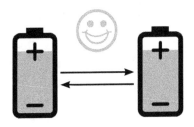

Anna Katharina Lahs

Seien Sie für jeden ein Segen,

der das Glück hat,

Ihnen zu begegnen,

und seien Sie ihm so

ein Medikament!

Kurt Tepperwein

Helden machen

andere Dinge,

weil sie an sich glauben.

Ricardo Biron, der HELDENMACHER

Aus der Quantenphysik
hat sich eine neue Wissenschaft
vom Lebendigen entwickelt.
Sie beschreibt den
lebenden Organismus als
einen Energiekörper,
der alle biochemischen und
bioelektrischen Vorgänge
steuert.
Und dieser Energiekörper ist
in ständigem Kontakt
mit dem Bewusstsein,
dass: „I C H B I N".
Er ist resonanzfähig für
JEDE VERÄNDERUNG
im BEWUSSTSEIN.

Kurt Tepperwein

ANHANG
Die Geistigen Gesetze

Das kosmische Gesetz: ALLES KONTROLLIERT SICH GEGENSEITIG. ALLES IST VONEINANDER ABHÄNGIG UND FUNKTIONIERT NUR MITEINANDER. (griech.: Kosmos heißt: Ordnung)

Dem untergeordnet ist: Das Regelwerk der Geistigen Gesetze

Diese Gesetzmäßigkeiten gibt es seit jeher. Sie sind alterlos. Sie wirken immer. Wenn wir sie kennen und innerhalb dessen leben, dann fangen sie an, uns zu dienen.

Empfehlenswert hierzu sind die Bücher und Hörbücher von Kurt Tepperwein: DIE GEISTIGEN GESETZE

Bezugsquellen für das Lehrplakat „Das Regelwerk der Geistigen Gesetze" finden Sie auf meiner Website: www.lebensschule-westerwald.de

DAS REGELWERK
DER GEISTIGEN GESETZE

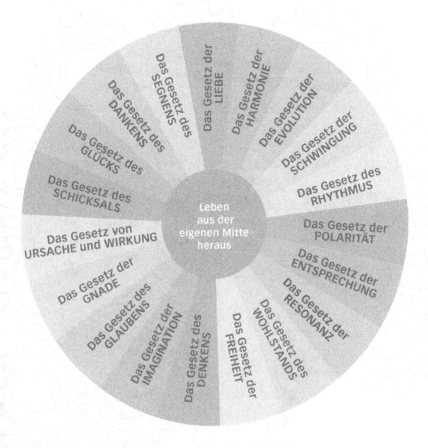

*Durch Identifikation
wird jede Möglichkeit der Zukunft
zur Realität der Gegenwart,
wenn alles diesen Gesetzen entspricht.*

„Lied für optimales Leben"

1. Das Leben ist vielfältig – das Leben ist bunt!
   Und manchmal, da geht es auch ganz schön rund!
   Wisse in Dir: Du hast IMMER DIE WAHL!
   Entscheide Dich optimal!

2. Angst, Not und Sorge, Kummer und Pein!
   All' diese Gefühle, die dürfen jetzt SEIN.
   Durch bejahendes Fühlen und Erkenntnis im Herz,
   heilt jetzt auch dieser Schmerz.

3. Sitzt Du im Elend und fühlst Dich allein –
   hörst Deine Seele: nur „HILFE" schrei'n!
   Dann geh' raus aus dem Dunkel – hinein in das LICHT:
   Da hast Du wieder klare Sicht!

4. Funktionierst Du noch oder lebst Du schon?
   Wir befinden uns alle in Transformation!
   Schau endlich hin und wende Dein Blatt!
   Das Opferleben haben alle satt!

5. Vom Opfer zum Schöpfer: WIEDER ZURÜCK !!!!
   Das ist unser wahres Lebensglück.
   Wieder SELBSTBEWUSST LEBEN in der NEUEN ZEIT,
   ist das Ende von Problemen und Leid.

6. Das Alte macht dem Neuen Platz.
   Das Leben ist ja auch wirklich ein SCHATZ!
   Kommt mit und geht einfach alle hin:
   Auf den Weg von Raupe zum Schmetterling

7. Versteinerte Herzen sind jetzt wieder weich.
   Tiefgefrorene sind jetzt aufgetaut!
   Verletzte Herzen heilen aus SICH SELBST –
   in der Qualität der neuen Zeit.
   In der QUALITÄT DER NEUEN ZEIT.

Mein „Lied für optimales Leben" ist auf allen gängigen Musikstreaming-Diensten erhältlich, die wichtigsten sind unter der Hörprobe aufgeführt.

Meine Empfehlung: Suche den Liedtitel „Lied für optimales Leben" einfach auf Deinem Lieblings-Streamingdienst.

Lebensfernbedienung

Download auf der Website:
www.lebensschule-westerwald.de

Gebrauchsanleitung auf unserem YouTube-Kanal:
Lebensschule Westerwald